Dieses Buch gehört:

Muffins

Rezepte, Tipps und Tricks für kleine & große Maus-Fans

ZABERT SANDMANN

Muffins backen ist ganz leicht

Was man dazu braucht? Eine Muffinsform, ein paar Zutaten für einen Teig, einen Rührlöffel, mehrere Schüsseln und natürlich einen Backofen. Nach den Rezepten in diesem Buch kann man dann saftige Muffins backen – einmal süß, einmal pikant, je nach Lust und Laune. Und die kleinen Kuchen lassen sich mit ein paar Tricks in Affen-, Burger-, Osterhasen- oder Weihnachts-Muffins verwandeln … Viel Spaß!

Inhalt

Zuckersüß

„Will man feinen Kuchen backen, braucht man dafür sieben Sachen: Zucker und Schmalz, Eier und Salz, Milch und Mehl, Safran macht den Kuchen gel.“ Zucker steht also beim Backen an erster Stelle. Dabei galt er noch vor rund 200 Jahren als seltenes und kostbares Gewürz. Heute gibt es Zucker ganz billig und in vielen Variationen. Den weißen Kristallzucker kennt jedes Kind, ebenso den braunen Zucker. Dieser wird bei der Gewinnung aus Zuckerrohr oder Zuckerrübe einfach einmal weniger gewaschen als der weiße Zucker. Außerdem gibt es noch Würfel-, Kandis- oder Puderzucker. Kandis sind Zuckerkörner, etwa so groß wie Kieselsteine, während Puderzucker der am feinsten zermahlene Zucker ist. Der eine eignet sich mehr zum Süßen, der andere mehr zum Verzieren oder zur Herstellung von bunten Zuckerstreuseln, Perlen, Sternen, Buchstaben, Figuren und vielem mehr! Also nichts wie ran an den Zucker!

Was sind Muffins?

Der „muffin man"

Muffins kommen ursprünglich aus England. Dort gab es vor 100 Jahren noch den „muffin man", der frühmorgens und nachmittags kleine Hefekuchen auf der Straße zum Verkauf anbot. Engländer, die nach Nordamerika auswanderten, nahmen das Muffinsrezept mit, und so kommt es, dass man heute in den USA oder Kanada zu allen Tageszeiten und Gelegenheiten Muffins isst.

Ursprünglich aus Hefeteig

Anfangs wurden Muffins aus Hefeteig gebacken, doch mit der Zeit verwandelten sie sich zu kleinen Kuchen aus Rührteig. Warum? Weil die amerikanischen Hausfrauen entdeckt hatten, dass man Muffins mit Backpulverteig viel schneller backen kann. Typisch für den amerikanischen Rührteig ist dabei, dass zusätzlich zum Backpulver Natron verwendet wird.

Was ist Natron?

Natron ist wie Backpulver ein so genanntes „Backtriebmittel", das den Kuchen beim Backen in die Höhe wachsen lässt. Durch das Backen kommt es im Teig zu einer chemischen Reaktion. Dabei entsteht Kohlendioxid in Form von kleinen Gasbläschen und die lockern den Teig auf, besonders gehaltvolle und schwere Muffinsteige. Auch in diesem Buch werden fast alle Muffins mit einer Mischung aus Natron und Backpulver zubereitet. Natron erhält man als Pulver in größeren Supermärkten und Apotheken.

- Wer kein Natron verwenden möchte, kann alle Rezepte auch nur mit Backpulver backen. Einfach die angegebene Menge Natron durch die gleiche Menge Backpulver (zusätzlich zum ohnehin benötigten Backpulver!) ersetzen.

Die richtige Form

Um die kleinen, runden Kuchen in der typischen Form zu erhalten, gibt es spezielle Muffinsbleche. Die meisten Bleche haben 12 Vertiefungen (darauf beziehen sich auch alle Rezepte in diesem Buch) und sind beschichtet. Man kann zusätzlich in jede Vertiefung ein Papierförmchen setzen, dann lassen sich die fertigen Muffins leichter aus der Form lösen. Sowohl das Blech als auch die Papierförmchen gibt es jeweils in der Mini-, Normal- und Maxi-Größe (Texas-Muffins). Wer sich nicht extra ein Muffinsblech zulegen will, kann den Teig auch nur in Papierförmchen backen. Dafür immer 2 oder 3 Förmchen ineinander setzen, damit der Teig gut zusammengehalten wird. Die Papierförmchen gibt es übrigens im Kaufhaus oder Schreibwarenladen.

Der neueste Hit aus den USA: die so genannten **Muffies**, kleine Kekse aus Muffinsteig. Dazu wird der Teig esslöffelweise auf ein Backblech gesetzt und gut 10 Minuten kürzer als die Muffins gebacken.

Der perfekte Muffinsteig

Muffins backen macht Spaß und ist kinderleicht, wenn man ein paar wichtige Dinge beim Backen beachtet.

Muffinsformen fetten

Die Vertiefungen im Muffinsblech (oder auch die Papierförmchen) immer gut mit weicher Butter fetten. Dann lassen sich die fertig gebackenen Muffins ganz leicht aus den Vertiefungen oder Förmchen herauslösen und haben dazu noch eine knusprige braune Hülle.

Den Ofen vorheizen

Damit die Muffins schön aufgehen und locker werden, müssen sie sofort in die richtige Backtemperatur kommen. Sonst wird der Teig schwer und trocken. Daher ist es wichtig, jeden Ofen – egal ob Ober-/Unterhitze oder Umluft! – etwa 10 Minuten vorzuheizen.

Zutaten genau abmessen

Ein guter Muffinsteig darf weder zu flüssig noch zu fest sein, daher sollte man sich möglichst an die angegebene Menge der einzelnen Zutaten halten und sie auch genau abmessen.

Nicht zu lange rühren

Das Prinzip des Muffinsteigs ist ganz einfach: Das Mehlgemisch kommt in eine Schüssel und das Eigemisch in eine zweite. Dann rührt man das Mehlgemisch mit einem Rührlöffel nur kurz unter das Eigemisch – so lange, bis alle Zutaten feucht sind (siehe rechts).

Gartest

Bei Muffins macht man am besten – wie bei allen Rührkuchen – am Ende der Backzeit einen Gartest, um zu überprüfen, ob der Teig auch durchgebacken ist. Dafür ein Holzstäbchen in die Mitte der Muffins stecken und wieder herausziehen. Kleben feuchte Krümel am Stäbchen, dürfen die Muffins noch weiterbacken – so lange, bis nichts mehr am Stäbchen hängt.

Muffins aufbewahren

Muffins schmecken frisch am allerbesten. Doch man kann sie auch auf Vorrat backen. Luftdicht verpackt halten sie sogar 1 Woche im Kühlschrank. Oder man friert sie frisch gebacken ein und backt sie nach dem Auftauen nochmals kurz auf.

Muffinsteig – so wird's gemacht:

1. Mehl, Backpulver, Natron und Salz in einer Schüssel mischen.

2. Eier verquirlen, Zucker, Fett und Milchprodukt(e) dazugeben.

3. Das Mehlgemisch kurz (!) unter das Eigemisch rühren.

Guten-Morgen-Muffins

Für 12 Muffins braucht man:

Butter für die Form
80 g zermahlene Cornflakes oder Crunchy-Nut-Cornflakes (siehe rechts)
40 g feine Haferflocken
50 g gemahlene Haselnüsse
180 g Mehl
2 TL Backpulver • $^1/_2$ TL Natron
1 TL Zimtpulver • Salz
1 Ei • 100 g Zucker
1 Päckchen Vanillezucker
100 g Butter • 2 EL Zitronensaft
250 g Buttermilch

Zum Verzieren:

75 g Puderzucker • 1–2 EL Zitronensaft • ein paar Cornflakes

1. Die Vertiefungen des Muffinsblechs mit weicher Butter fetten oder Papierförmchen hineinsetzen. Den Backofen auf 180 Grad (Umluft 160 Grad) vorheizen.

2. Die fein zermahlenen Cornflakes in eine Schüssel geben, mit den Haferflocken und den Nüssen vermischen. Das Mehl, das Backpulver, das Natron, das Zimtpulver und 1 Prise Salz dazugeben, alles gut verrühren (siehe S. 9).

3. Das Ei über einer Tasse aufschlagen und in eine größere Schüssel gleiten lassen. Mit einem Schneebesen mit Zucker und Vanillezucker verquirlen.

4. Die Butter in einem kleinen Topf auf mittlerer Stufe schmelzen lassen und zum Eigemisch geben. Zitronensaft und Buttermilch ebenfalls unter das Eigemisch rühren (siehe S. 9).

5. Das Mehlgemisch zum Eigemisch geben. Vorsichtig und nur so lange alles mit einem Rührlöffel verrühren, bis ein zähflüssiger Teig entsteht.

6. Den Teig gleichmäßig in die Muffinsformen füllen und das Blech (mit Topfhandschuhen!) auf die mittlere Schiene im Backofen schieben.

7. Die Muffins etwa 25 Minuten (Küchenwecker stellen!) backen, den Gartest nicht vergessen (siehe S. 9).

8. Die Muffins (mit Topfhandschuhen!) aus dem Ofen nehmen und etwa 5 Minuten ruhen lassen. Dann aus der Form lösen und abkühlen lassen.

9. Für die Verzierung den Puderzucker mit dem Zitronensaft in einer kleinen Schüssel vermischen, dann in eine kleine Gefriertüte füllen. Eine winzige Ecke der Tüte abschneiden und den Guss vorsichtig aus der Tüte drücken, dabei „Guten Morgen“, „Bon jour“ oder „Good morning“ oder andere Wörter auf die Muffins schreiben oder Motive zeichnen. Wer will, kann auch Cornflakes auf die Muffins streuen.

Übrigens...

So kann man Cornflakes zermahlen: einfach in eine Gefriertüte füllen, die Tüte mit einem Gummiband verschließen und mit dem Nudelholz fein zerdrücken – und schon hat man eine Art Cornflakes-Mehl!

Glückspilz-Muffins

Für 12 Muffins braucht man:

Butter für die Form
200 g Erdbeeren (frisch oder tiefgefroren) • 280 g Mehl
2 TL Backpulver • 1/2 TL Natron
Salz • 2 Eier • 100 g Zucker
1 Päckchen Vanillezucker
100 g Butter • 150 g Naturjoghurt
100 g saure Sahne

Zum Verzieren:

100 g Puderzucker
2–3 EL Zitronensaft
1 EL Rote-Bete-Saft oder rote Speisefarbe
weiße Zuckerperlen

1. Die Vertiefungen des Muffinsblechs mit weicher Butter fetten oder Papierförmchen hineinsetzen. Den Backofen auf 180 Grad (Umluft 160 Grad) vorheizen.

2. Die Erdbeeren waschen, putzen, (tiefgefrorene Erdbeeren nicht auftauen) und in feine Würfel schneiden.

3. In einer Schüssel das Mehl mit dem Backpulver, dem Natron und 1 Prise Salz vermischen (siehe S. 9). Die Erdbeeren unter das Mehl mischen.

4. Die Eier einzeln in eine weitere Schüssel aufschlagen und mit dem Schneebesen leicht verquirlen. Den Zucker und den Vanillezucker darunter mischen.

5. Die Butter in einem kleinen Topf auf mittlerer Stufe schmelzen und zum Eigemisch geben. Joghurt und saure Sahne mit dem Schneebesen ebenfalls unterrühren (siehe S. 9).

6. Das Mehlgemisch mit den Erdbeerstückchen zum Eigemisch geben. Alles kurz (!) mit dem Rührlöffel verrühren, bis ein zähflüssiger Teig entsteht (siehe S. 9).

7. Den Teig gleichmäßig in die Muffinsformen füllen und das Muffinsblech (mit Topfhandschuhen!) auf die mittlere Schiene im Backofen schieben.

8. Die Muffins etwa 25 Minuten (Küchenwecker stellen!) backen, mit einem Stäbchen den Gartest machen (siehe S. 9).

9. Das Blech (mit Topfhandschuhen!) aus dem Backofen holen, die Muffins noch 5 bis 10 Minuten ruhen lassen. Dann aus der Form lösen und abkühlen lassen.

10. In einer kleinen Schüssel den Puderzucker mit dem Zitronensaft und dem Rote-Bete-Saft vermischen und die Muffins damit bestreichen. Zuletzt weiße Zuckerperlen darauf setzen.

- Man kann einige Muffins auch mit weißem Zuckerguss (siehe S. 11) und roten Mini-Smarties verzieren.

Tea-Time-Muffins

Für 12 Muffins braucht man:

150 ml Milch • 10 g Hefe (1/4 Würfel)

60 g Zucker • 280 g Mehl

80 g Butter • Salz • 30 g Rosinen

30 g gehackte Mandeln

15 g Orangeat • 15 g Zitronat

1 Ei • Butter für die Form

Mehl zum Formen

Zum Verzieren:

1 Eigelb • 2 EL Zucker

50 g Mandelstifte

1. Die Milch in einem kleinen Topf auf mittlerer Stufe erwärmen. Die Hefe in eine Tasse bröckeln und mit 3 EL von der warmen Milch und 1 EL Zucker verrühren.

2. 2 TL Mehl dazugeben und verrühren. Ein sauberes Küchentuch über die Tasse legen und die Hefe an einem warmen Ort etwa 20 Minuten gehen lassen.

3. Das restliche Mehl und die aufgegangene Hefe in eine große Schüssel geben. Die Butter in kleinen Stücken dazugeben. Den restlichen Zucker, 1 Prise Salz, die Rosinen, die Mandeln, das Orangeat und das Zitronat hinzufügen. Das Ei in eine Tasse aufschlagen, dann dazugeben.

4. Die restliche Milch dazugießen und alles mit den Knethaken des Rührgeräts so lange kneten, bis sich der Teig vom Schüsselrand löst.

5. Den Teig mit dem Küchentuch abdecken und nochmals mindestens 30 Minuten gehen lassen, bis er sich etwa verdoppelt hat.

6. Inzwischen die Vertiefungen des Muffinsblechs mit weicher Butter fetten oder Papierförmchen hineinsetzen. Den Backofen auf 180 Grad (Umluft 160 Grad) vorheizen.

7. Den Hefeteig in 12 Portionen teilen, jedes Stück mit bemehlten Händen zu Kugeln formen und in die Muffinsformen setzen. Das Eigelb mit einer Gabel verquirlen und die Muffins damit bestreichen. In Zucker gewälzte Mandelstifte (oder Rosinen oder Zitronat) darüber streuen.

8. Das Muffinsblech (mit Topfhandschuhen!) auf die mittlere Schiene im Backofen schieben. Die Muffins etwa

25 Minuten (Küchenwecker!) backen, Gartest nicht vergessen (siehe S. 9).

9. Die Muffins (mit Topfhandschuhen!) aus dem Ofen holen und 5 bis 10 Minuten ruhen lassen. Dann aus der Form lösen und abkühlen lassen.

- Man kann das Orangeat und das Zitronat weglassen und dafür noch je 20 g Rosinen und Mandeln unter den Teig mischen.

Übrigens...

Die Muffins aus Hefeteig schmecken auch sehr gut, wenn man sie wie Brötchen aufschneidet und mit Butter und Marmelade bestreicht – und das nicht nur nachmittags zum Tee, sondern auch zum Frühstück!

Kleine-Affen-Muffins

Für 12 Muffins braucht man:

Butter für die Form

250 g Mehl • 2 TL Backpulver

½ TL Natron • Salz

1 Packung Schokotröpfchen (75 g)

2 Eier • 100 g Zucker • 80 g Butter

2 Bananen • 150 g Naturjoghurt

Zum Verzieren:

150 g Vollmilchkuvertüre

36 Backoblaten

1. Die Formen des Muffinsblechs mit Butter fetten oder Papierförmchen einsetzen. Den Backofen auf 180 Grad (Umluft 160 Grad) vorheizen.

2. In einer Schüssel das Mehl mit dem Backpulver, dem Natron, 1 Prise Salz und den Schokotröpfchen vermischen.

3. Die Eier einzeln in eine weitere Schüssel aufschlagen und mit einem Schneebesen leicht verquirlen. Dann den Zucker unterrühren.

4. Die Butter in einem kleinen Topf auf mittlerer Stufe schmelzen. Die Bananen schälen, in einer kleinen Schüssel

mit der Gabel zerdrücken und mit der Butter und dem Joghurt unter das Eigemisch rühren.

5. Das Mehlgemisch zum Eigemisch geben. Vorsichtig mit einem Rührlöffel so lange rühren, bis ein zähflüssiger Teig entsteht (siehe S. 9).

6. Den Teig gleichmäßig in die Muffinsformen füllen und das Muffinsblech (mit Topfhandschuhen!) auf die mittlere Schiene im Backofen schieben.

7. Die Muffins etwa 25 Minuten (Küchenwecker stellen!) backen, den Gartest nicht vergessen (siehe S. 9).

8. Die Muffins (mit Topfhandschuhen!) herausnehmen und etwa 5 Minuten ruhen lassen. Dann aus der Form lösen und abkühlen lassen.

9. Die Kuvertüre im heißen Wasserbad schmelzen lassen, dann die Muffins damit bestreichen. Ein Stäbchen in die Kuvertüre tauchen, auf 12 Oblaten einen Mund, auf weitere 12 Oblaten Augen zeichnen. Beide Oblaten mit Kuvertüre (als Kleber) zu einem Affen-Gesicht zusammensetzen. 12 Oblaten halbieren, die Muffins rechts und links einschneiden. Die halben Oblaten in die Muffins stecken (siehe rechts).

Affen-Muffins – so wird's gemacht:

1. Mit Kuvertüre Münder und Augen auf die Oblaten zeichnen.

2. Die Augen- und Mundoblaten mit Kuvertüre zusammensetzen.

3. Muffins einschneiden und die Ohren-Oblaten hineinstecken.

Hitzefrei-Muffins

Für 12 Muffins braucht man:

Butter für die Form

75 g Butter • 180 g Mehl • Salz

4–5 mittelgroße (oder 5–6 kleine) Eier

1 TL Backpulver

Für die Füllung:

1 Packung Vanilleeis (500 g)

Zum Verzieren:

30 g Puderzucker

1. Die Formen des Muffinsblechs mit Butter fetten oder Papierförmchen einsetzen. Den Backofen auf 180 Grad (Umluft 160 Grad) vorheizen.

2. Für den Brandteig in einem mittelgroßen Topf auf mittlerer Stufe die Butter schmelzen lassen, dann 280 ml Wasser dazugeben. Butter und Wasser zusammen zum Kochen bringen.

3. Den Topf vom Herd nehmen und mit dem Rührlöffel das Mehl und $^{1}/_{4}$ TL Salz nach und nach einrühren.

4. 1 Ei in eine Tasse aufschlagen, mit einer kleinen Gabel verquirlen und unter die Mehlmasse rühren.

5. Die Masse etwas auskühlen lassen, dann die restlichen Eier einzeln über einer Tasse aufschlagen und in einer Schüssel verquirlen. So viel von den verquirlten Eiern in den Teig rühren, bis ein zähflüssiger Teig entsteht (es kann sein, dass etwas von der Eimasse übrig bleibt). Zum Schluss das Backpulver unter den Teig mischen.

6. Den Teig gleichmäßig in die Muffinsformen füllen und das Muffinsblech (mit Topfhandschuhen!) auf die mittlere Schiene im Backofen schieben.

7. Die Muffins etwa 30 Minuten (Küchenwecker stellen!) backen, bis sie goldbraun sind. Achtung: In den ersten 15 Minuten den Backofen nicht öffnen, sonst fallen die Muffins zusammen!

8. Die Muffins (mit Topfhandschuhen!) aus dem Ofen nehmen und etwa 5 Minuten ruhen lassen. Dann aus der Form lösen und mit einem Messer in der Mitte quer durchschneiden.

9. Jeweils etwa 2 EL (oder 1 Kugel) Vanilleeis einfüllen. Dann wieder zusammensetzen. Den Puderzucker in ein Sieb geben und die Muffins damit bestäuben. Muffins sofort essen.

Und das kann man noch mit den Hitzefrei-Muffins machen:

- Man kann in jeden Hitzefrei-Muffin ein Papierschirmchen stecken.
- Man kann jede beliebige Eissorte nehmen und die Muffins damit füllen.
- Man kann Früchtequark zum Beispiel mit frischen Erdbeeren oder Himbeeren in die Muffins füllen.

Brandteig heißt so, weil der Teig wortwörtlich im Topf abgebrannt wird. Dadurch wird die im Mehl enthaltene Stärke aufgeschlossen und der Teig sehr zäh. Nur die Eier sorgen dafür, dass sich der Teig aufplustert.

Geburtstags-Muffins

Für 12 Muffins braucht man:

Butter für die Form

200 g Sahne • 150 g Zucker

1 Päckchen Vanillezucker • 3 Eier

220 g Mehl • 2 TL Backpulver

Salz • 3 EL Nuss-Nougat-Creme

Zum Verzieren:

200 g Vollmilchkuvertüre

Mini-Smarties • kleine Kerzen

1. Die Vertiefungen des Muffinsblechs mit Butter fetten oder Papierförmchen hineinsetzen. Am besten noch in jedes Papierförmchen $^1/_2$ TL Butter setzen. Den Backofen auf 180 Grad (Umluft 160 Grad) vorheizen.

2. Die Sahne in einer Schüssel mit den Quirlen des Rührgeräts halbfest schlagen. Dann Zucker und Vanillezucker mit dem Rührlöffel unterrühren.

3. Die Eier über einer weiteren Schüssel trennen. Das Eigelb zur Sahne geben und gut unterrühren.

4. Das Mehl in einer weiteren Schüssel mit Backpulver und 1 Prise Salz vermischen und vorsichtig unter das Ei-Sahne-Gemisch rühren.

5. Das Eiweiß mit den Quirlen des Rührgeräts steif schlagen und ebenfalls unter den Teig rühren.

6. Ein Drittel des Teigs in eine kleinere Schüssel umfüllen und mit der Nuss-Nougat-Creme vermischen.

7. Abwechselnd den hellen und den dunklen Teig gleichmäßig in die Muffinsformen füllen.

8. Das Muffinsblech (mit Topfhandschuhen!) auf die mittlere Schiene im Backofen schieben und die Muffins 40 Minuten (Küchenwecker stellen!) backen. Den Gartest nicht vergessen (siehe S. 9).

9. Das Muffinsblech (mit Topfhandschuhen!) herausnehmen, die Muffins etwa 10 Minuten ruhen lassen, dann aus der Form nehmen.

10. Im heißen Wasserbad die Kuvertüre schmelzen lassen und die Muffins damit bestreichen. Jeden Muffin mit Mini-Smarties belegen und kleine Geburtstagskerzen hineinstecken.

Statt der kleinen Kerzen kann man auch Fähnchen (siehe Basteltipp S. 38) in die Muffins stecken, auf denen die Namen der Geburtstagsgäste stehen. Ein Blick – und schon kennt jeder Gast seinen Platz.

Osterhasen-Muffins

Für 12 Muffins braucht man:

- Butter für die Form
- 250 g Mehl • 2 TL Backpulver
- $\frac{1}{2}$ TL Natron • $\frac{1}{2}$ TL Zimtpulver
- 1 Prise geriebene Muskatnuss
- 80 g fein gehackte Walnusskerne
- 3 mittelgroße Möhren (ca. 150 g)
- 100 g Butter • 2 Eier
- 120 g Zucker • 200 g saure Sahne
- 2 TL Zitronensaft

Zum Verzieren:

- 100 g Puderzucker
- 2–3 EL Zitronensaft
- 12 kleine Schokoladenosterhasen
- Zuckerostereier • gehackte Pistazien

1. Die Vertiefungen des Muffinsblechs mit weicher Butter fetten oder Papierförmchen hineinsetzen. Den Backofen auf 180 Grad (Umluft 160 Grad) vorheizen.
2. Das Mehl in einer Schüssel mit Backpulver, Natron, Zimt, Muskatnuss und den Walnüssen vermischen.
3. Die Möhren waschen, putzen, schälen und mit der Reibe fein raspeln. Zum Mehlgemisch geben.
4. In einem kleinen Topf die Butter auf mittlerer Stufe schmelzen lassen.
5. Die Eier einzeln über einer Tasse aufschlagen und in eine weitere Schüssel gleiten lassen. Mit dem Schneebesen mit Zucker, Butter, saurer Sahne und Zitronensaft leicht verquirlen.
6. Das Mehlgemisch zum Eigemisch geben und vorsichtig mit einem Rührlöffel verrühren (siehe S. 9).
7. Den Teig gleichmäßig in die Muffinsformen füllen und das Muffinsblech (mit Topfhandschuhen!) auf die mittlere Schiene im Backofen schieben.
8. Die Muffins etwa 25 Minuten (Küchenwecker stellen!) backen, den Gartest nicht vergessen (siehe S. 9).
9. Die Muffins (mit Topfhandschuhen!) aus dem Backofen nehmen und 5 bis 10 Minuten ruhen lassen. Dann die Muffins aus der Form lösen und abkühlen lassen.
10. Für den Guss Puderzucker mit Zitronensaft verrühren, die Muffins damit dick bestreichen. Jedes Muffin

mit 1 Schokoladenosterhasen, bunten Zuckerostereiern und ein paar gehackten Pistazien verzieren.

- Wenn man für die Muffins die Walnüsse selbst knackt, kann man aus den ganzen Schalen kleine Walnuss-Mäuse basteln (siehe S. 39).
- Man kann die Muffins auch mit fertigen oder selbst gemachten Marzipanmöhren verzieren (siehe rechts).

Übrigens...

Marzipanmöhren kann man ganz leicht selbst machen: 100 g Marzipanrohmasse mit 30 g Puderzucker und 2–3 EL Möhrensaft (oder Speisefarbe) verkneten und zu Möhren formen. Pistazien als Grün verwenden.

Gute-Laune-Muffins

Für 12 Muffins braucht man:

Butter und Mehl für die Form

80 g Frischkäse

110 ml Orangenlimonade

2 EL Puderzucker • 250 g Mehl

2 TL Backpulver • 1/2 TL Natron

Salz • 75 g Butter

1 Ei • 75 g Zucker

1 Päckchen Vanillezucker

100 g saure Sahne

Zum Verzieren:

100 g Puderzucker

2–3 EL Zitronen- oder Orangensaft

einige Weingummi-Orangen

1. Die Vertiefungen des Muffinsblechs mit weicher Butter fetten und mit Mehl bestäuben oder Papierförmchen hineinsetzen. Den Backofen auf 180 Grad (Umluft 160 Grad) vorheizen.

2. Den Frischkäse mit 1 EL Orangenlimonade und dem Puderzucker in einer kleinen Schüssel gut durchrühren und beiseite stellen.

3. Das Mehl in eine Schüssel geben, mit dem Backpulver, dem Natron und 1 Prise Salz vermischen (siehe S. 9).

4. In einem kleinen Topf die Butter auf mittlerer Stufe schmelzen lassen.

5. Das Ei in eine weitere Schüssel aufschlagen und mit dem Schneebesen leicht verquirlen. Zucker, Vanillezucker, Butter, restliche Orangenlimonade und saure Sahne darunter rühren.

6. Das Mehlgemisch zum Eigemisch geben, alles vorsichtig und nicht zu lange mit einem Rührlöffel vermengen.

7. Etwa ein Drittel des Teigs in die Muffinsformen füllen, in jede Vertiefung 1 TL Frischkäsefüllung setzen und mit dem restlichen Teig auffüllen (siehe rechts).

8. Das Muffinsblech (mit Topfhandschuhen!) auf die mittlere Schiene im Backofen schieben und die Muffins 25 bis 30 Minuten backen. Gartest (siehe S. 9) nicht vergessen!

9. Die Muffins (mit Topfhandschuhen!) herausnehmen und 5 bis 10 Minuten ruhen lassen, dann aus der Form lösen und abkühlen lassen.

10. Für den Guss den Puderzucker mit dem Saft vermischen und die Muffins damit bestreichen. Mit Weingummi-Orangen verzieren.

- Man kann die Muffins mit Zuckerguss überziehen und auf jeden mit Kuvertüre ein Smiley-Gesicht malen.
- Man kann die Orangenlimonade auch durch Cola ersetzen und Cola-Fläschchen aus Weingummi auf jeden Muffin setzen.

Gute-Laune-Muffins – so wird's gemacht:

1. Etwa 1/3 des Muffinsteigs in die Vertiefungen füllen.

2. Je 1 TL Frischkäsefüllung darauf setzen.

3. Die Vertiefungen mit dem restlichen Teig auffüllen.

Weihnachts-Muffins

Für 12 Muffins braucht man:

Butter für die Form

150 g Butter • 100 g Marzipanrohmasse • 120 g Puderzucker

1 Päckchen Vanillezucker

3 Eier • 180 g Mehl

$2\,^1/_2$ TL Backpulver • $^1/_2$ TL Natron

Salz • $^1/_4$ TL Zimtpulver

200 g gemahlene Mandeln

50 g Kokosraspel • 100 g Sahne

Zum Verzieren:

50 g Marzipanrohmasse • Puderzucker

100 g Vollmilchkuvertüre

6 EL Kokosraspel

1. Die Vertiefungen des Muffinsblechs mit weicher Butter fetten oder Papierförmchen hineinsetzen. Den Backofen auf 180 Grad (Umluft 160 Grad) vorheizen.

2. Die Butter und das Marzipan in kleine Stücke schneiden, in eine Schüssel geben und mit den Quirlen des Rührgeräts gut verrühren. Den Puderzucker und den Vanillezucker nach und nach unterrühren.

3. Die Eier nacheinander über einer Tasse aufschlagen und in die Schüssel zur Marzipanmasse gleiten lassen, dann unterrühren.

4. Das Mehl, das Backpulver, das Natron, 1 Prise Salz und das Zimtpulver in einer Schüssel vermischen. Die Mandeln und die Kokosraspel ebenfalls unter das Mehl mischen.

5. Portionsweise das Mehlgemisch zum Eigemisch geben und verrühren (siehe S. 9). Zum Schluss die Sahne unter den Teig rühren.

6. Den Teig gleichmäßig in die Muffinsformen füllen und das Muffinsblech (mit Topfhandschuhen!) auf die mittlere Schiene im Backofen schieben.

7. Die Muffins etwa 25 Minuten (Küchenwecker stellen!) backen, den Gartest nicht vergessen (siehe S. 9).

8. Die Muffins (mit Topfhandschuhen!) herausnehmen, 5 bis 10 Minuten ruhen lassen, dann aus der Form lösen und abkühlen lassen.

9. Inzwischen die Marzipanrohmasse mit etwas Puderzucker ausrollen und

Sterne ausstechen. Die Kuvertüre im heißen Wasserbad schmelzen lassen und die Muffins damit bestreichen. Die Marzipansterne auf die Muffins setzen, dann mit Kokosraspel (als Schnee!) bestreuen.

- Man kann auch Weihnachtsmänner oder Tannenbäume aus Schokolade jeweils in die Mitte eines Muffins auf den Schokoladenguss setzen.

Übrigens...

Wer eine kleine Adventsüberraschung machen möchte, kann ein Weihnachts-Muffin in Cellophan- oder Geschenkpapier einpacken, mit einer bunten Schleife versehen und als Geschenk mitbringen.

Käse-Schinken-Muffins

Für 12 Muffins braucht man:

Butter für die Form

150 g gekochten Schinken

2 Zwiebeln • 1 Bund Schnittlauch

200 g Mehl • $2\,^{1}/_{2}$ TL Backpulver

$^{1}/_{2}$ TL Natron • Salz • Pfeffer

$^{1}/_{2}$ TL Paprika- und Knoblauchpulver

200 g geriebenen Emmentaler (oder Gouda) • 60 g Butter • 2 Eier

150 g Naturjoghurt

1. Die Vertiefungen des Muffinsblechs mit weicher Butter fetten oder Papierförmchen hineinsetzen. Den Backofen auf 180 Grad (Umluft 160 Grad) vorheizen.

2. Den Schinken in feine Streifen schneiden. Die Zwiebeln abziehen, halbieren und in feine Würfel schneiden.

3. Den Schnittlauch waschen, trockenschütteln und in Röllchen schneiden.

4. Das Mehl in einer Schüssel mit dem Backpulver, dem Natron, $^{1}/_{2}$ TL Salz, 1 Prise Pfeffer, dem Paprika- und dem Knoblauchpulver sowie 150 g geriebenem Käse vermischen.

5. Den Schinken, die Zwiebeln und den Schnittlauch unter das Mehl mischen.

6. Die Butter in einem kleinen Topf auf mittlerer Stufe schmelzen lassen.

7. Die Eier einzeln über einer Tasse aufschlagen und in einer weiteren, größeren Schüssel mit einem Schneebesen leicht verquirlen. Die Butter und den Joghurt dazugeben und unterrühren.

8. Das Mehl-Schinken-Gemisch mit dem Eigemisch mit einem Rührlöffel kurz (!) verrühren (siehe S. 9).

9. Den Teig gleichmäßig in die Muffinsformen füllen und mit dem restlichen Käse bestreuen.

10. Das Muffinsblech (mit Topfhandschuhen!) auf die mittlere Schiene im Backofen schieben und die Muffins etwa 30 Minuten (Küchenwecker stellen!) backen. Den Gartest nicht vergessen (siehe S. 9).

11. Das Muffinsblech (mit Topfhandschuhen!) aus dem Ofen nehmen, etwa 5 Minuten ruhen lassen, danach aus der Form lösen und sofort essen.

Übrigens...

Wenn man die Papierförmchen vor dem Einfüllen des Teigs gut mit Butter einfettet, werden die Muffins am Rand besonders knusprig und lassen sich nach dem Backen ganz leicht aus den Förmchen lösen.

China-Muffins

Für 12 Muffins braucht man:

- **Butter für die Form**
- **220 g chinesisches Mischgemüse (aus der Dose)**
- **100 g gekochtes Putenfleisch**
- **150 g Mehl • $2\frac{1}{2}$ TL Backpulver**
- **$\frac{1}{2}$ TL Natron • Salz**
- **1 TL Chinagewürz (Fünfgewürzpulver)**
- **1 Ei • 50 ml Öl**
- **250 g Buttermilch**
- **1 EL Tomatenmark**
- **1 EL Sojasauce**

1. Die Vertiefungen des Muffinsblechs mit weicher Butter fetten oder Papierförmchen hineinsetzen. Den Backofen auf 180 Grad (Umluft 160 Grad) vorheizen.

2. Das Mischgemüse in einem Sieb abtropfen lassen und klein schneiden. Das Putenfleisch in kleine Würfel schneiden, mit dem Gemüse mischen.

3. Mehl in einer Schüssel mit Backpulver, Natron, $\frac{1}{2}$ TL Salz und Chinagewürz vermischen. Dann das Gemüse-Fleisch-Gemisch dazugeben.

4. Das Ei in eine weitere Schüssel aufschlagen und mit dem Schneebesen leicht verquirlen. Öl, Buttermilch, Tomatenmark und Sojasauce dazugeben.

5. Das Mehl-Fleisch-Gemisch mit dem Eigemisch mit einem Rührlöffel kurz (!) verrühren (siehe S. 9). Den Teig gleichmäßig in die Muffinsformen füllen.

6. Die Muffins auf der mittleren Schiene im Backofen etwa 25 Minuten (Küchenwecker stellen!) backen. Gartest nicht vergessen (siehe S. 9). Eventuell noch weitere 10 Minuten backen.

7. Die Muffins (mit Topfhandschuhen!) aus dem Ofen nehmen, etwa 5 Minuten ruhen lassen, dann aus der Form lösen.

Übrigens...

In China werden nach einem Menü oft so genannte **Glückskekse** serviert. In denen findet jeder Gast lustige Sprüche oder alte Weisheiten. Auch in den China-Muffins kann man Glückssprüche verstecken: Auf ein kleines Papier ein Wort oder einen netten Spruch schreiben. Das Papier klein falten, in Alufolie einwickeln, beim Einfüllen in den Muffinsteig geben und mitbacken.

Burger-Muffins

Für 12 Muffins braucht man:

1 Zwiebel • 70 g Öl

150 g gemischtes Hackfleisch

Salz • Pfeffer

$^{1}/_{2}$ Bund Petersilie

Butter für die Form

280 g Mehl

2 TL Backpulver • $^{1}/_{2}$ TL Natron

1 Ei • 100 g geriebenen Gouda

300 g Naturjoghurt

Zum Füllen und Verzieren:

12 Käsescheiben (z. B. Gouda, Emmentaler oder Chester)

12 Tomatenscheiben

12 Gurkenscheiben

1. Die Zwiebel abziehen, halbieren und in feine Würfel schneiden.

2. 2 EL Öl in einer Pfanne auf höchster Stufe erhitzen und die Zwiebelwürfel darin andünsten. Dann das Hackfleisch dazugeben und braten, bis es grau und krümelig ist. $^{1}/_{2}$ TL Salz und 1 Prise Pfeffer hinzufügen.

3. Die Petersilie waschen, trockenschütteln, klein hacken und unter das fertig gebratene Hackfleisch mischen.

4. Den Backofen auf 180 Grad (Umluft 160 Grad) vorheizen. Inzwischen die Vertiefungen des Muffinsblechs mit weicher Butter fetten oder Papierförmchen hineinsetzen.

5. Das Mehl in eine Schüssel geben, mit dem Backpulver, dem Natron und 1 TL Salz vermischen (siehe S. 9).

6. In eine weitere, große Schüssel das Ei aufschlagen und mit einem Schneebesen leicht verquirlen. Restliches Öl, den Käse und den Joghurt unterrühren.

7. Das Mehlgemisch mit dem Eigemisch so lange verrühren, bis alles miteinander vermengt ist (siehe S. 9). Dann die Hackfleischmischung unter den Teig rühren.

8. Den Teig gleichmäßig in die Muffinsformen füllen und das Muffinsblech (mit Topfhandschuhen!) auf die mittlere Schiene im Backofen schieben.

9. Die Muffins 30 Minuten (Küchenwecker!) backen, bis sie oben aufreißen. Den Gartest nicht vergessen (siehe S. 9)!

10. Die fertigen Muffins (mit Topfhandschuhen!) aus dem Ofen holen und etwa 5 Minuten ruhen lassen, dann aus der Form lösen und kurz abkühlen lassen.

11. Die Muffins in der Mitte durchschneiden. Eine Hälfte mit je 1 Käse-, Tomaten- und Gurkenscheibe belegen und mit der anderen Hälfte wieder abdecken. Übrigens schmecken die Muffins auch ohne Füllung sehr gut!

Diese Muffins schmecken frisch am allerbesten. Also sofort aufschneiden, belegen und essen! Man kann die Burger-Muffins auch problemlos einfrieren und zum Essen wieder frisch aufbacken.

Indio-Muffins

Für 12 Muffins braucht man:

Butter für die Form

je 1 grüne und rote Paprikaschote

150 g Maiskörner (aus der Dose)

150 g Mehl • 100 g Maismehl

2 TL Backpulver • 1/2 TL Natron

Salz • Pfeffer • 2 TL Paprikapulver

40 g Parmesan

100 g Gouda (oder Emmentaler)

2 Eier • 60 ml Öl

300 g Naturjoghurt

Zum Verzieren:

12 Zahnstocher oder Partyspieße

1. Die Vertiefungen des Muffinsblechs mit weicher Butter fetten oder Papierförmchen hineinsetzen. Den Backofen auf 180 Grad (Umluft 160 Grad) vorheizen.

2. Die Paprikaschoten waschen, halbieren, die Kerne herausschneiden. Die eine Hälfte in kleine Würfel schneiden, die andere beiseite legen. Die Maiskörner in einem Sieb gut abtropfen lassen.

3. Das Mehl und das Maismehl in einer Schüssel mit dem Backpulver, dem Natron, 1 1/2 TL Salz, 1 Prise Pfeffer und 1 TL Paprikapulver vermischen.

4. Den Parmesan und den Gouda fein reiben und – bis auf 2 EL – zum Mehlgemisch geben.

5. Die Eier in eine weitere größere Schüssel aufschlagen und mit einem Schneebesen leicht verquirlen. Das Öl und den Joghurt unterrühren.

6. Das Mehlgemisch mit dem Eigemisch und den Paprikawürfeln sowie 120 g Maiskörnern (Rest beiseite legen) mit einem Rührlöffel kurz verrühren (siehe S. 9).

7. Den Teig gleichmäßig in die Muffinsformen füllen und mit dem restlichen Käse und Paprikapulver bestreuen.

8. Das Blech (mit Topfhandschuhen!) auf die mittlere Schiene im Backofen schieben und die Muffins etwa 25 Minuten (Küchenwecker!) backen. Gartest nicht vergessen (siehe S. 9)!

9. Die Muffins (mit Topfhandschuhen!) aus dem Ofen holen, etwa 5 Minuten ruhen lassen, dann aus der Form lösen und abkühlen lassen.

10. Die restlichen Paprikahälften in kleine Würfel schneiden. Auf jeden Zahnstocher jeweils 2 bis 3 Paprikawürfel und dazwischen die restlichen Maiskörner aufspießen und je ein Spießchen in die Muffins stecken.

- Die Muffins schmecken sehr gut als Beilage zu einer warmen Suppe oder zu einem frischen knackigen Salat.
- Man kann zusätzlich noch 50 g klein geschnittene Salami in den Teig rühren.

Übrigens...

Maismehl eignet sich sehr gut zum Backen von zartem Gebäck. Achtung: Es sollte nicht mit dem grob gemahlenen Maisgrieß (Polentagrieß oder Kukuruz) verwechselt werden. Maismehl gibt's in Feinkost- und Naturkostläden, manchmal auch im Supermarkt.

Mein Lieblingsrezept:

Die Zutaten:

Und so wird's gemacht:

Basteltipps

Bunte Fähnchen

Muffins lassen sich wunderbar verzieren, zum Beispiel mit kleinen Fähnchen. Auf sie kann man kleine Botschaften wie „Herzlichen Glückwunsch“ oder bei einer Party die Namen der Gäste schreiben. Man kann die Fähnchen auch in Form kleiner Herzen ausschneiden.

1. Mehrere Papierstreifen (je ca. 8 x 2,5 Zentimeter) ausschneiden.

2. Die Streifen auf einer Seite bunt bemalen oder beschriften.

3. Den bemalten oder beschriebenen Papierstreifen quer knicken und um einen Zahnstocher kleben.

4. Auf die Fahnenspitze eine kleine bunte Perle kleben. Je 1 oder 2 Fähnchen in ein Muffin stecken.

Walnuss-Mäuse

Wenn man Walnüsse isst oder mit ihnen backt (zum Beispiel die Osterhasen-Muffins auf S. 22) und beim Öffnen der Nüsse ein wenig aufpasst, kann man aus den Schalen viele lustige Sachen machen. Zum Beispiel Walnuss-Mäuse basteln...

1. Die Walnüsse vorsichtig halbieren und mit einem Messer den Nusskern herauslösen.

2. Die halbe Nussschale auf ein Stück Pappe legen und mit einem Stift den Umriss nachmalen, dann die Pappe ausschneiden.

3. Einen Wollfaden (12 bis 15 cm lang) als Schwanz auf das breite Ende der Pappe kleben, die halbe Nussschale darauf setzen und ebenfalls festkleben.

4. Auf die spitze Seite der Nussschale mit einem schwarzen Stift zwei Augen malen und darunter einen kurzen Wollfaden (3 bis 4 cm lang) als Schnurrbart kleben. Den Schnurrbart an den Enden ein wenig auseinander zwirbeln.

Register

Abkürzungsverzeichnis:

EL	= Esslöffel
TL	= Teelöffel
l	= Liter (1000 ml = 1 Liter)
g	= Gramm (1000 g = 1 Kilogramm)
Msp	= Messerspitze

© Verlag Zabert Sandmann GmbH
München
1. Auflage 2000
ISBN 3-932023-65-X

Rezepte und Texte: Julei M. Habisreutinger

Redaktion: Kathrin Gritschneder, Kathrin Ullerich

Redaktionelle Mitarbeit: Siegmund Grewenig, Jochen A. Rotthaus, Hilla Stadtbäumer

Grafische Gestaltung: Georg Feigl, Thomas Frey, Julia Wurzer

Zeichnungen: Oliver Sütterlin

Coverfoto: FoodPhotography Eising/Susie Eising

Foodfotografie: Karl Newedel (S. 9: Teubner Archiv)

Herstellung: Karin Mayer, Peter Karg-Cordes

Lithografie: inteca Media Service GmbH, Rosenheim

Druck/Bindung: Officine Grafiche De Agostini, Novara

Besucht uns auch im Internet unter www.zsverlag.de